Esto es lo que quiero ser

Astronauta

Heather Miller

Traducción de Carlos Prieto

Heinemann Library

Chicago, Illinois

©2003 Reed Educational & Professional Publishing
Published by Heinemann Library,
an imprint of Reed Educational & Professional Publishing
Chicago, IL

Customer Service 888-454-2279
Visit our website at www.heinemannlibrary.com

Designed by Sue Emerson, Heinemann Library
Printed and bound in the United States of America, North Mankato, MN.

12 11 10
10 9 8 7 6 5 4

Library of Congress Cataloging-in-Publication Data
Miller, Heather.
    [Astronaut. Spanish]
    Astronauta/ Heather Miller
      p. cm. — (Esto es lo que quiero ser)
    Includes index.
Summary: Discusses the work done by astronauts, the equipment used, training required,
and what an astronaut's day is like.
    ISBN 978-1-4034-0374-2 (1-4034-0374-0) (HC), 978-1-4034-0596-8 (1-4034-0596-4) (Pbk)
    1. Astronautics—Vocational guidance—Juvenile literature. 2. Astronauts—Juvenile literature. [1. Astronautics.
    2.Astronauts. 3.Occupations. 4. Spanish language materials.] I. Title.
    TL850 .M56 2002
    629.45'0023—dc21
    082010   2002068600
    005874RP

Acknowledgments
The author and publishers are grateful to the following for permission to reproduce copyright material:
p. 4 Frank Whitney/Brand X Pictures; p. 5 Corbis; pp. 6, 9, 10, 11, 13L, 14, 15, 16 NASA; pp. 7, 8, 17T, 18, 19B NASA/Roger Ressmeyer/Corbis; p. 12 Bruce Coleman Inc.; p. 13R Science Photo Library/Photo Researchers, Inc.; pp. 17B, 21 NASA/Science Visuals Unlimited; p. 19T NASA/Corbis; p. 20 Robert Llewellyn/Pictor; p. 23 (row 1, L–R) NASA, Corbis, Stockbyte/PictureQuest; p. 23 (row 2, L–R) Corbis, NASA, NASA; p. 23 (row 3, L–R) NASA, Bruce Coleman Inc., NASA/Roger Ressmeyer/Corbis; p. 23 (row 4, L–R) NASA/Roger Ressmeyer/Corbis, Corbis, NASA

Cover photograph by Science Photo Library/Photo Researchers, Inc.
Photo research by Scott Braut

Every effort has been made to contact copyright holders of any material reproduced in this book. Any omissions will be rectified in subsequent printings if notice is given to the publisher.

Special thanks to our bilingual advisory panel for their help in the preparation of this book:

Anita R. Constantino
Literacy Specialist
Irving Independent School District
Irving, Texas

Aurora García Colón
Literacy Specialist
Northside Independent School District
San Antonio, TX

Argentina Palacios
Docent
Bronx Zoo
New York, NY

Leah Radinsky
Bilingual Teacher
Inter–American Magnet School
Chicago, IL

Ursula Sexton
Researcher, WestEd
San Ramon, CA

We would also like to thank Kacy Kossum, Newsroom Coordinator at the Johnson Space Center, for her review of this book.

Unas palabras están en negrita, **así.**
Las encontrarás en el glosario en fotos de la página 23.

Contenido

¿Qué hacen los astronautas? 4

¿Cómo es el día de un astronauta? 6

¿Qué equipo usan los astronautas? 8

¿Qué herramientas usan
     los astronautas? 10

¿Dónde trabajan los astronautas? 12

¿Trabajan en otras partes? 14

¿Cuándo trabajan los astronautas? . . . 16

¿Qué clases de astronautas hay? 18

¿Cómo aprenden los astronautas? 20

Prueba 22

Glosario en fotos 23

Nota a padres y maestros 24

Respuestas de la prueba 24

Índice 24

¿Qué hacen los astronautas?

Los astronautas estudian el espacio.

Estudian las estrellas y los **planetas**.

Los astronautas toman fotos de la **Tierra**.

A veces arreglan **satélites** averiados.

¿Cómo es el día de un astronauta?

Los astronautas hacen ejercicio en el espacio.

Corren en una **cinta rodante**.

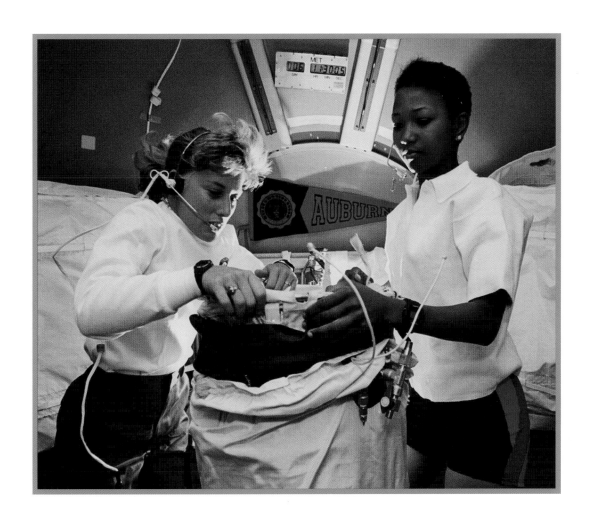

Los astronautas cuidan el
transbordador espacial.

Ponen todo en su sitio.

¿Qué equipo usan los astronautas?

casco

tanque de aire

guantes

botas

Los astronautas usan **trajes espaciales**.

Los trajes espaciales permiten respirar en el espacio.

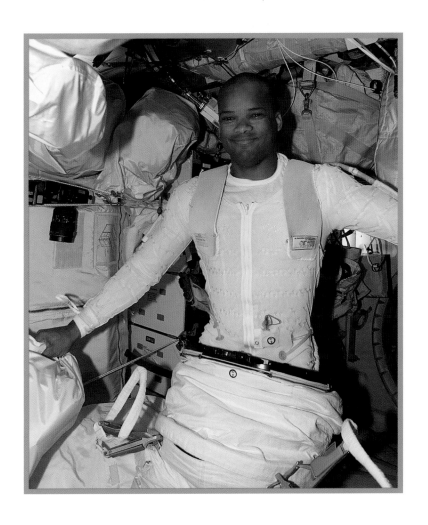

Los trajes espaciales se usan para trabajar fuera del **transbordador espacial**.

Adentro se los quitan.

¿Qué herramientas usan los astronautas?

brazo robótico

Los astronautas trabajan con **brazos robóticos.**

Los brazos robóticos mueven cosas pesadas.

10

morral de propulsión

A veces se ponen un **morral de propulsión**.

El morral de propulsión sirve para ir de un lado a otro en el espacio.

¿Dónde trabajan los astronautas?

cohete

transbordador espacial

Unos astronautas trabajan en un **transbordador espacial**.

Un **cohete** lanza al espacio el transbordador espacial.

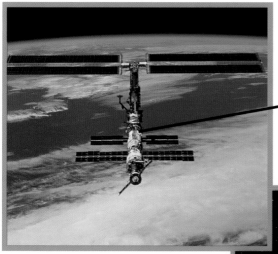

estación espacial

Los astronautas pueden vivir y trabajar en **estaciones espaciales.**

A veces trabajan fuera de la estación espacial.

13

¿Trabajan en otras partes?

No todos los astronautas viajan al espacio.

Unos astronautas se quedan en la **Tierra**.

Trabajan en la **sala de control.**

Guían a los astronautas que están en el espacio.

¿Cuándo trabajan los astronautas?

Los astronautas pueden pasar muchos días en el espacio.

Trabajan muchas horas seguidas.

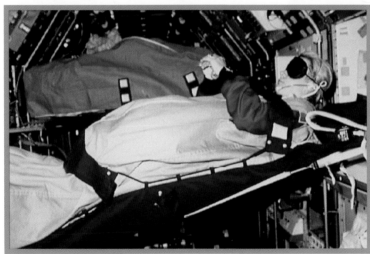

Comen en el espacio.

También duermen en el espacio.

¿Qué clases de astronautas hay?

Hay varias clases de astronautas.

Los astronautas **pilotos** conducen el **transbordador espacial**.

Unos astronautas hacen pruebas.

Otros se encargan de que el transbordador espacial funcione bien.

¿Cómo aprenden los astronautas?

Todos los astronautas estudian en la universidad.

Estudian ciencias y matemáticas.

Los astronautas estudian en un centro espacial.

Practican cómo usar las herramientas que necesitan en el espacio.

Prueba

¿Recuerdas cómo se llaman estas cosas?

Busca las respuestas en la página 24.

Glosario en fotos

sala de control
página 15

planeta
página 4

transbordador espacial
páginas 7, 9, 12, 18, 19

Tierra
página 5, 14

brazo robótico
página 10

estación espacial
página 13

morral de propulsión
página 11

cohete
página 12

traje espacial
páginas 8, 9

piloto
página 18

satélite
página 5

cinta rodante
página 6

Nota a padres y maestros

Leer para buscar información es un aspecto importante del desarrollo de la lectoescritura. El aprendizaje empieza con una pregunta. Si usted alienta a los niños a hacerse preguntas sobre el mundo que los rodea, los ayudará a verse como investigadores. Cada capítulo de este libro empieza con una pregunta. Lean la pregunta juntos, miren las fotos y traten de contestar la pregunta. Después, lean y comprueben si sus predicciones son correctas. Piensen en otras preguntas sobre el tema y comenten dónde pueden buscar la respuesta. Ayude a los niños a usar el glosario en fotos y el índice para practicar nuevas destrezas de vocabulario y de investigación.

Índice

brazos robóticos. 10

centro espacial. 21

cinta rodante 6

ejercicio 6

estación espacial. 13

morral de propulsión. . . 11

pilotos 18

sala de control 15

satélites 5

Tierra 5, 14

traje espacial 8, 9

transbordador espacial . . 7, 9, 12, 18, 19

Respuestas de la página 22

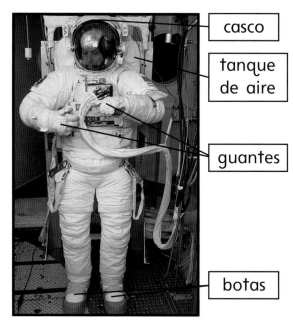

casco

tanque de aire

guantes

botas

24